HISTOIRE ABREGÉE

DES

RELIQUES

ET DES SAINTS

QU'ON HONORE A LA PREVÔTÉ D'HASPRES.

Reproduction textuelle d'un ouvrage qui a paru en **1727**.

HISTOIRE ABRÉGÉE

DES

RELIQUES

ET

DES SAINTS

QU'ON HONORE

A LA PREVÔTÉ D'HASPRES.

CAMBRAI

IMPRIMERIE DE ALEXANDRE RÉGNIER-FAREZ,

RUE DU PETIT-SÉMINAIRE, 14, ÉDITEUR.

—

1860

PREFACE

L'Eglise a toûjours temoigné beaucoup de respect et de veneration pour les Reliques des Saints, et elle les a regardées comme des monumens precieux, qui dans un silence fort éloquent nous retraçoient leurs merites et leurs belles actions. Les actes du Martyre de Saint Ignace, qui souffrit sous l'Empereur Trajan au commencement du second siécle, nous marque qu'aprés qu'il eût été devoré par les bêtes, les Chrêtiens receüillirent comme un trésor inestimable les os les plus durs, qui avoient échapez des dents de ces bêtes, les porterent à Antioche, et les mirent avec bien du respect dans quelque vaisseau precieux.

Les Chrêtiens n'eurent pas moins de veneration pour les Reliques de Saint Cyprien, puisque comme nous l'apprennent les actes proconsulaires de son Martyre, ils eurent soin dans le temps qu'on alloit lui couper la tête, de mettre devant lui des linges et des mouchoirs pour recevoir le sang qui decouleroit : Saint Gregoire de Naziance dans le sermon qu'il a fait à l'honneur de ce Saint, dit que ses cendres pouvoient tout, et que de son temps il s'y faisoit encore plusieurs miracles.

Dieu même avoit fait connoitre dans l'ancien Testament, que la veneration, qu'on avoit pour les cendres de ses Saints, ne pouvoit que lui être agreable. Il est rapporté dans le quatriéme livre des Roys, chapitre 13, que quelques personnes occupées à enterrer un mort, ayant apperçû quelques voleurs qui venoient à eux, jetterent dans le sepulcre d'Elisée le cadavre qu'ils alloient enterrer, et que cet homme mort 'eût pas plutôt touché les os du Prophête, qu'il ressuscita.

Nous voyons dans le même livre, Chapitre 23. que le Roy

Josias faisant pour ôter toute occasion d'idolâtrie et de superstition, brûler plusieurs corps morts qui étoient enterrez sur la Montagne, ne voulut pas qu'on touchat aux os d'Elisée et d'un autre Prophête, qui étoit venu de Samarie.

C'est ainsi que le Seigneur a voulu de tout temps, qu'on honorât jusques aux cendres de ses Serviteurs, il a confirmé le culte qu'on leurs rendoit par plusieurs miracles, les demons étoient chassez des corps qu'ils possedoient, les malades se trouvoient guéris, les boiteux redressez, et rien ne resistoit à la vertu des Saints, que Dieu vouloit honorer dans leurs Reliques. S. Augustin dans son livre 22. de la cité de Dieu Chap. 8. rapporte plusieurs Miracles, que Dieu fit aux Reliques de saint Estienne : S. Gregoire de Naziance dans son troisieme sermon reprend Julien l'Apostât de n'avoir pas eû de veneration pour les reliques des Martyrs, par qui Dieu faisoit tant de Miracles : cet Empereur Apostât éprouva la force des Reliques de saint Babylas, que le Cæsar Gallus frere de Julien avoit fait apporter d'Antioche pour purifier le Fauxbourg de Daphné de la superstition et des crimes des Gentils : car depuis cette translation l'idole de ce lieu ne parla plus, et quoique l'empereur n'épargnât ni les victimes, ni les libations, il ne parla pas d'avantage, il rendit cependant raison de son silence, et dit qu'il ne rendait plus d'oracle à cause que le lieu était plein de corps morts. Julien comprit bien que son Dieu se plaignoit du corps de saint Babylas, et commanda que les Galileens (c'est ainsi qu'il appelloit les Chrétiens) en levassent son cercueil. Cette translation fut regardée comme un triomphe du Martyr vainqueur des demons, les fidéles en temoignerent leur joye chantant même aux oreilles de Julien ce verset du pseaume 96. *Que tous ceux-là soient confondus, qui adorent les Statuës, et qui se glorifient en leurs idoles.* Peu de temps après le feu prit au Temple de Daphné et consuma le toit tout entier, les ornemens et l'idole d'Apollon : les histoires sont pleines de prodiges arrivez par l'intercession des Saints à qui on avoit recours, et dont on honoroit les Reliques.

Il est vrai qu'il s'est trouvé de temps en temps des hommes

assez impies, pour se recrier contre l'honneur qu'on rendoit aux saintes Reliques : un Eustathius de Sebaste osa assurer dans le quatrieme Siécle, qu'on ne devoit avoir aucun égard pour les Reliques des Saints ; Vigilantius disoit dans le cinquiéme Siécle, que sous pretexte de Religion on avoit ramené l'idolâtrie en gardant dans des linges et des vases pretieux un peu de poussiere qu'on adoroit, et qu'on baisoit avec respect, les Hérétiques d'aujourd'huy ne sont pas moins acharnez contre les saintes Reliques, et les ont toûjours brûlées par tout où ils en ont pû rencontrer. Mais que peuvent sur l'esprit des fidéles des enfans rebelles, et separez de l'Eglise leur Mere ? De quel poid peuvent être des raisons aussi foibles que les leurs ? Nous honorons les Reliques des Martyrs, dit saint Jerôme dans son livre contre Vigilantius, pour montrer le respect que nous avons pour celui dont ils sont les Martyrs et les temoins, nous honorons les serviteurs, afin que l'honneur que nous leurs rendons rejaillisse sur le Seigneur, étant en cela fort éloignez des idolâtres, qui adorent d'un culte de latrie des choses creées et des hommes morts.

Les miracles que Dieu a fait, et fait encore souvent par l'intercession des Saints, ont excitez les fidéles à se rendre aux endroits où reposent leurs pretieuses Reliques ; ils ont regardé ces sacrez depôts comme un motif de consolation, et et comme un soulagement dans leurs maux ; et de-là sont venus les Pelerinages. Ces sortes de voyages faits dans un veritable esprit de devotion, et pour honorer les Saints, n'ont rien que de très bon et on ne sçaurait temoigner trop de respect et de veneration pour ceux, que Dieu a rendu participans de sa gloire, et qu'il a étably nos intercesseurs auprés de sa divine misericorde ; mais qu'il arrive souvent qu'on manque d'une intention si pure, et que le divertissement a plus de part au Pelerinage, que la devotion.

Le second Concile de Châlons sur Saône tenu en 813. remarque dés lors les abus des Pelerinages : *plusieurs*, dit ce Concile, *se trompent fort eux-mémes en faisant inconsiderement des Pelerinages, à Rome, à Tours et en d'autres lieux sous pretexte de devotion ; des Prêtres, des Diacres, et d'autres du Clergé, menant une vie defectueuse, se croyent delivrez de leurs pechez et retablis dans leurs fonctions, pourvû qu'ils puissent atteindre les lieux que nous venons de marquer; des Laïques se persuadent de même, que visitant ces saints lieux, et y faisant des prieres, ils auront l'impunité des pechez qu'ils commettent, ou de ceux qu'ils ont commis; des personnes puissantes sous pretexte d'un voyage de Rome ou de Tours levent des impôts considerables et chargent les pauvres, voulant ainsi faire croire, que ce qu'ils exigent par motif d'avarice, ils n'ont dessein de l'employer qu'à visiter les saints lieux, et y faire leurs prieres: il y a des pauvres qui font la même chose pour gueuser avec plus de facilité; il y en a aussi qui font les vagabonds, feignant d'aller dans ces saints lieux, et qui sont assez lâches pour croire que la seule vûë de ces saints lieux les delivre de leurs pechez, ne considerant pas ce que dit S. Jerôme, que ce n'est pas pour avoir vû Jerusalem, que l'on est digne de loüange, mais pour y avoir bien vécu.*

L'Empereur Charlemagne quoiqu'il favorisât les Pelerinages presque jusques à l'excès, comme l'ont remarqué les auteurs de sa vie; ne laissa pas de défendre severement, et de reprimer ceux qui se faisoient de la maniere abusive, que l'on vient de rapporter; il approuve seulement ceux, que le même Concile approuve en ces termes, *nous approuvons de tout point la devotion de ces personnes, qui s'étant confessées à leurs Curés et ayant reçûs l'ordre de la penitence, qu'ils ont à faire, vont visiter les tombeaux des Saints Apôtres, ou de tels autres Saints qu'ils voudront, en priant assidument, en faisant des aumônes, en corrigeant leur vie, et en édifiant par leurs mœurs.* C'est de cette maniere, que nous devons honorer les saints en tachant de nous rendre les imitateurs de leurs vertus.

HISTOIRE ABREGÉE

DES

RELIQUES

ET DES SAINTS

QU'ON HONORE A LA PREVÔTÉ D'HASPRES.

CHAPITRE PREMIER.

Histoire de la Prevôté d'Haspres.

—⋄◦⋄—

La franche Ville d'Haspres, qui est située sur la selle entre Valenciennes et Cambray, et dont il reste encore aujourd'huy quelques especes de Ramparts et Tranchés du côté de cette derniere Ville, doit son origine à la Prevôté, que fit bâtir dans le septiéme siécle Pepin de Landin Maire du Palais d'Austrasie aprés avoir defait le Roy Thiery, qui par les mauvais conseils d'Ebroïn son Maire du Palais, vouloit s'emparer de l'Austrasie : ce Prince, qui est honoré comme Saint dans le Brabant le vingt et unieme de

Fevrier, et dont les Reliques sont à Nivelle avec celles de sainte Gertrude sa fille, reconnoissant qu'il devoit le gain de cette bataille au Dieu des armées, et voulant lui en temoigner sa reconnoissance, fit bâtir au lieu, que nous nommons aujourd'hui Haspres, une espece de Monastere, où il mit des Religieux Benedictins tirez de l'Abbaye de Jumieges Diocese de Rouen, et qui demeuroient toûjours soumis à l'Abbé dudit Jumieges.

Aprés la mort de Louis le Debonnaire les Normans profitant de la division de ses trois fils Lothaire, Pepin et Louis, qui occupoit toutes leurs forces au dedans, commencerent à ravager impunement les Cotes de l'Ocean. On appelloit en general *Normands*, c'est-à-dire hommes du Nord, les Barbares encore Payens qui venoient de Danemarc, de Norvege, de Suede, et des Pays voisins sur quantité de petits bâtimens à voiles et à rames, pour faire par tout où ils pouvoient des Esclaves, et du butin : ils vinrent l'an 841. le 12. de May à l'embouchure de la Seine, pillerent Rouen et brûlerent le Monastere de Jumieges, qui n'en étoit pas fort éloigné; les Religieux de cette Abbaye avant cet embrasement avoient eüe la precaution de sauver les Reliques qu'ils avoient, et de transporter à Haspres les corps de leurs glorieux Patrons saint Achaire et saint Hugues avec une partie de la Croix de nôtre Sauveur.

Ces Reliques furent reçües à Haspres avec tout le respect et la veneration, qui leurs étoient dûs, et

Dieu ne tarda pas de faire connoitre combien lui ètoit agreable la devotion qu'on avoit pour les Saints Patrons, en permettant plusieurs miracles, qui se faisoient à leurs Reliques, et principalement la guérison d'un certain mal, qui rend les hommes furieux, insensez et comme transportez de rage, en un mot Acariastres.

On fut bien-tôt dans une grande crainte de perdre ces pretieuses Reliques : Balduinus et Gouduinus, Religieux de Jumieges, et qui s'étoient retirez à Haspres pendant l'invasion des Barbares, ayant par la liberalité de Guillaume Duc de Normandie rebati du moins en partie leur Monastere, redemanderent le pretieux depôt, qu'ils n'avoient confié à Haspres, que pour ne pas l'exposer au pillage des Barbares : cependant les Religieux d'Haspres, joint à eux les Prelats circonvoisins remontrerent, qu'il sembloit que Dieu par les miracles faisoit connoitre qu'il avoit donné nos deux Saints pour patrons d'Haspres ; ils firent aussi remarquer que ce Prieuré étant sous l'obéissance des Religieux de Jumieges, ceux-ci resteroient toûjours les maîtres de ces Reliques, quoiqu'ils les laissassent à Haspres, ce qui les determina de laisser ces Reliques où elles se trouvoient sous la garde des Religieux qu'on envoyoit de Jumieges.

Gerard Evêque de Cambray, qui vivoit dans l'onziéme siécle, voyant avec regret, que les Religieux d'Haspres, éloignez de leurs Superieurs, ne vivoient pas d'une maniere conforme à leur institut, et negligeoient presque entierement la discipline Monastique, resolut de corriger un si grand abus; il communiqua son dessein à Leduin Abbé de saint Vaast d'Arras, et lui fit entendre, que si l'Abbaye de saint Vaast possedoit quelque bien, qui fut plus à portée de l'Abbaye de Jumieges, il seroit à propos d'en faire un échange avec le Prieuré d'Haspres, qu'on pourroit de cette maniere remettre dans un état conforme à la Regle. Cet Abbé qui ne respiroit que la gloire de Dieu, et l'honneur de la Religion, n'eut pas de peine de se rendre à une si juste demande, et proposa pour équivalent, la Prevôté d'Angicourt en Beauvoisis : l'Evêque Gerard proposa la même chose à Theodoric Abbé de Jumieges et lui fit connoitre, que s'il ne remedioit à ces desordres, il seroit obligé de se servir de l'autorité de Bauduin Comte de Flandres pour chasser ces Religieux, et en mettre d'autres dont la conduite seroit plus reguliere; l'Abbé Theodoric et sa Communauté convinrent de tout, et l'échange se fit l'an 1024. en presence de Robert Roy de France, Bauduin Comte de Flandres, et Richard Sans Peur Duc de Normandie, ce qui fut confirmé et ratifié par les Souverains Pontifes Benoît VIII. Innocent II. Eugene III. Alexandre III. et Cælestin III.

Aprés cet échange l'Abbé Leduin travailla à mettre toutes les choses en bon état, rebatit l'Eglise, fit un Cloitre regulier et eut soin de tous les bâtimens necessaires aux Religieux, retablit la discipline Monastique, qui avoit été fort alterée : tout cela fit refleurir la Prevôté d'Haspres, et augmenta l'honneur et la veneration des Reliques et Corps saints dont nous allons donner l'histoire.

CHAPITRE II.

Du respect et de la veneration, qu'on doit avoir pour la Croix.

La Croix est l'instrument de nôtre salut, JESUS-CHRIST l'ayant choisie pour operer le grand Mystere de la redemption des hommes : l'on peut apporter plusieurs raisons de convenance de ce choix, la sagesse de Dieu, comme chante l'Eglise dans une de ses hymnes, a voulu confondre par là la malice du demon, et faire servir à la redemption des hommes le bois, qui avoit été l'instrument de leur perte ; JESUS-CHRIST en se chargeant de la Croix a marqué d'une maniere sensible, qu'il se chargeait de nos pechez ; en y montant et en étendant ses mains humblement, et avec douleur, il a guéri l'homme de la corruption qu'il avoit contractée en étendant les siennes avec orgueil et cupidité vers le fruit defendu. Enfin en mourant sur la Croix, il a enlevé au demon ses depouilles ; il a effacé la cedule, qui nous étoit contraire en l'attachant à sa Croix, il a delivré le genre humain de la malediction et de l'opprobre, où il ètait tombé par le pechez, comme il a delivré la Croix de l'ignominie et de la honte, qui en êtoit inseparable auparavant, et en a fait une marque d'honneur, que les Roys mêmes font gloire de porter sur leurs fronts. L'on éleve en haut ce qu'on offre à Dieu, Jesus-Christ a voulu être élevé sur la Croix comme une hostie d'agreable odeur, qui devoit être offerte pour nôtre rançon à la justice de son Pere.

Il avoit lui-même marqué le dessein qu'il avoit de consommer sa vie, et l'ouvrage de nôtre salut sur la Croix par ces paroles, quand on m'aura élevé de la terre, je tirerai tout à moy : et comme Moyse dans le desert avoit élevé en haut le serpent d'airain, il falloit de même que le Fils de l'homme fut elevé en haut sur la Croix ; ajoùtant que ses pieds et et ses mains fussent percez et attachez avec des Cloux, pour marquer la grace qu'il nous a mérité d'attacher les membres de nôtre corps de telle sorte par sa crainte, qu'ils ne soient plus dominez par la concupiscence.

La Croix a été comme le lit ou l'Eglise a été enfantée, Adam est saisi d'un profond sommeil, dit S. Augustin, afin qu'Eve tire son origine de lui ; Jesus-Christ s'endort sur la Croix du sommeil de la mort, afin que l'Eglise, qui est la seconde Eve, soit formée de lui : lorsqu'Adam est endormi, Dieu tire un os de son côté pour en faire la premiere femme : lorsque Jesus-Christ est dans la mort, figurée par le sommeil du premier homme, on lui ouvre le côté, afin que l'eau et le sang qui en decoulent, forment les Sacremens, qui devoient sanctifier l'Eglise, et la rendre digne d'être son Epouse. Enfin c'est dans la Croix, que JESUS-CHRIST a operé les plus grandes merveilles, les demons y furent vaincus, le Paradis y fut ouvert, la justice de Dieu y fut satisfaite, le monde y fut reconcilié avec Dieu, le salut des Elus y fut operé, toutes les graces qui devoient être repanduës sur les hommes, y furent meritées, les mysteres y furent consommez.

Les fidéles instruits des veritez, que nous venons de representer, et touchez des graces qui coulent incessamment, pour ainsi dire, de la Croix sur nous, ont toûjours eû pour ce bois sacré une devotion toute particuliere, les Peres et particulierement saint Cyrille de Jerusalem et saint Paulin temoignent, que de leurs tems les particules de la Croix êtoient repanduës par tout le monde qu'elles êtoient en une veneratian singulier, et qu'elles se multiplioient d'une maniere miraculeuse : le signe même de la Croix est d'une pratique et d'une tradition autorisée par tous les Peres. Tertullien entre autres recommande de se marquer le front du signe de la Croix en toutes rencontres : *in omni negotio frontem Crucis signaculo tere*, ils ont attribué à ce signe fait avec foy une infinité d'effets, et il est même rapporté, que Julien l'Apostàt l'ayant fait sans y penser en un lieu où il faisoit des conjurations des demons, ils prirent la fuite.

CHAPITRE III.

Histoire de l'Invention de la Sainte Croix.

C'est à la pieté dont l'Empereur Constantin voulut accompagner les rejoüissances de ses Vicennales, ou de la fête de la vingtieme année de son Regne, que nous nous croyons redevables de l'Invention de ce glorieux Trophée de nôtre redemption. Les liberalités qu'il fit en cette occasion selon l'usage établi par ses Predecesseurs pour des semblables fêtes, furent presque toutes destinées à bâtir des magnifiques Eglises à Dieu, particulierement dans les endroits de la Palestine où le Sauveur du monde avoit voulu converser avec les hommes, et operé le salut du genre humain.

Depuis l'Empereur Adrien les Gentils n'avoient rien oubliez pour profaner la sainteté de ces Lieux, et y deshonorer le nom chrétien; ils avoient fait du Calvaire une Montagne d'idolâtrie et de superstition, et s'êtoient efforcez d'abolir la memoire de la resurrection de Jesus-Christ; ils avoient comblé la grotte du saint Sepulchre, et elevé une grande terrasse au dessus, pavé de pierres le haut, et bâti un Temple de Venus, afin qu'il parut, que les Chrétiens alloient adorer cette fausse divinité, lorsqu'ils venoient y rendre leur culte à Jesus-Christ.

Constantin resolu de retablir l'honneur de ce Saint lieu, donna ordre d'y bâtir une Eglise magnifique, dont il commit l'inspection à saint Macaire Evêque de Jerusalem, avec ordre au Gouverneur de la Province d'y fournir toutes les choses necessaires. Ce fut sainte Helene Mere de l'Empereur, qui se chargea elle-même de l'execution, cette Princesse qui depuis sa conversion passoit sa vie dans les exercices de pieté, et les œuvres de charité, étant arrivée à Jerusalem sur la fin de l'an 326. s'informa exactement du lieu où Jesus-Christ avoit souffert et de toutes les autres circonstances, qui avoient rapport à sa Passion. Elle commença par faire abattre le Temple et l'Idole de Venus, qui occupoient le Calvaire, et qui profanoient une place consacrée par la mort et la resurrection du Fils de Dieu, on ôta ensuite les terres, et l'on creusa si avant, que l'on decouvrit le saint Sepulchre. On trouva tout proche trois Croix de même grandeur et de même forme, que l'on avoit enterrées : mais on ne pouvoit en faire le discernement ; ce qui fait juger que saint Ambroise n'a parlé, que sur sa propre conjecture, lorsqu'il a dit qu'Elene avait reconnu celle de Jesus-Christ, au titre qu'on avoit écrit *Jesus de Nazareth, Roy des Juifs;* car il paroit, que ce titre étoit entierement arraché, par l'embarras où les autres Auteurs remarquent, que l'on se trouva, pour sçavoir laquelle des trois Croix étoit celle, où le Sauveur avoit été attaché.

2*

Helene consulta là-dessus saint Macaire, à qui Dieu inspira un moyen pour lever la difficulté : il fit porter les Croix chez une femme de qualité, qui étoit malade depuis long-temps, et qui se trouvoit à l'extremité : on lui appliqua chacune des Croix separement, en faisant des prieres à Dieu, et sitôt qu'elle eut touchée la derniere, elle fut entierement guérie. C'est ainsi qu'en parlent les Auteurs des quatriéme et cinquiéme Siécles de l'Eglise, si on en excepte saint Paulin Evêque de Nole, qui écrivant à saint Severe Sulpice son ami, à qui il envoyoit une parcelle de ce bois sacré, dit que ce fut un corps mort, que l'on fit toucher aux trois Croix, qu'on lui en appliqua deux sans effet, mais que la troisieme lui rendit la vie : et quoiqu'il soit visible, que ce soit un même fait varié dans ses circonstances par les rapports des peuples, comme il arrive souvent, ceux qui sont venus aprés, n'ont pas fait difficulté de les distinguer comme deux miracles tout differens.

Helene fort joyeuse d'avoir trouvé un si précieux trésor, le partagea entre la Ville de Jerusalem, où elle en laissa une moitié, et l'Empereur son fils, à qui elle envoya l'autre. Ce Prince, qui faisoit alors travailler à la nouvelle Ville de Constantinople, reçût ce rare present avec beaucoup de veneration, et dés qu'on eût achevé la Ville, qui fut dediée l'an 330. sous son nom, il fit mettre une portion de ce bois sacré dans une statuë élevée au milieu de la grande Place sur une magnifique Colonne, tenant en sa main droite une pomme d'Or avec cette inscription : *ô Christ, mon Dieu, je vous recommande cette Ville.*

Saint Cyrille qui fut Evêque de Jerusalem sous le Regne suivant, temoigne que l'univers se trouva en peu de temps rempli de morceaux de cette Croix, parce que ses Prédecesseurs depuis saint Macaire, et lui-même en donnoient des parcelles aux Pelerins de qualité, qui venoient par devotion à Jerusalem pour la voir et pour la reverer. Le même Pere, qui en étoit le depositaire, semble insinuer, que cette portion de la Croix, qu'Helene avoit laissée à Jerusalem, ne diminuoit point dans ces commencemens pour être ainsi coupée si souvent, et qu'elle renouvelloit le miracle de la multiplication des cinq Pains. C'est ce que declare aussi saint Paulin temoignant que ce precieux reste des morceaux duquel on enrichissoit plusieurs Eglises, demeuroit toûjours entier par la vertu miraculeuse, que ce bois avoit tiré du sang de celui, qui y avoit été attaché pour nôtre salut.

Ce n'est pas seulement de Jerusalem, que ces saintes liberalitez se repandoient dans le monde, les Empereurs de leur côté faisoient aussi quelque fois des distributions de la portion, que l'on avoit envoyée à Constantinople : Justin II. en envoya à sainte Radegonde femme du Roy Clotaire I. qui en enrichit son Monastere de sainte Croix à Poitiers. Ce fut en cette occasion, que Fortunat, qui vivoit alors auprés de cette sainte, et qui fut depuis Evêque de la Ville, composa ces hymnes celebres, qui ont été ensuite employées dans les offices de la Passion et de la Croix : il fit aussi un poëme sur le même sujet pour remercier l'Empereur Justin, et l'Imperatrice Sophie du riche present, qu'ils avoient fait à Radegonde.

Saint Gregoire de Tours, qui n'étoit encore que Prêtre alors, fut present à la reception de cette Relique à Tours, où on la deposa avant que de la transporter à Poitiers, et il parle comme temoin oculaire de quelques miracles, qui s'y firent, et qui lui donnerent lieu de bâtir dans cette Ville une Chapelle, ou une Eglise en l'honneur de la sainte Croix. Quinze ans après saint Gregoire le Grand, qui fut depuis Pape, en rapporta aussi quelques morceaux de Constantinople, où il avoit été Nonce du Pape Pelage II. auprés des Empereurs Tibere et Maurice, et en envoya comme un tres riche present à Reccarede Roy des Goths en Espagne, nouvellement converti de l'Arianisme à la foy Catholique.

La partie, qui étoit demeurée à Jerusalem, y fut conservée jusqu'à la prise de la Ville par Chosroës Roy des Perses, qui la fit emporter en son pays, comme on le verra ci-aprés. Elle y demeura pendant l'espace de quatorze ans, jusqu'à ce que l'Empereur Heracle la retira des mains de Siroës fils et successeur de Chosroës par un traité de paix qu'il fit avec lui. On la porta dabord à Jerusalem et de-là à Constantinople, afin qu'elle fut en plus grande sureté. Les Empereurs suivans continuoient d'en faire des presens à diverses personnes, et sur tout aux Roys de France, qui en distribuerent dans plusieurs Eglises de leurs Royaumes, et particulierement dans celles, qui êtoient de leur fondation, comme l'Abbaye de saint Vaast d'Arras, et autres.

Il en vint en dernier lieu une portion considerable l'an 1205. de la part de Bauduin de Flandres Empereur de Constantinople I. du nom, au Roy Philippes Auguste, qui la mit dans le trésor de saint Denys. Depuis ce tems-là le Roy saint Louis retira des Venitiens la partie, qui êtoit restée à Constantinople, et qui leurs avoit été engagée par l'Empereur Bauduin II. ou plutôt, Jean de Brienne son beau Pere : aprés leurs avoir rendu l'argent, qu'ils avoient avancé à ce Prince, il la fit transporter en France l'an 1241. et la mit avec la sainte Couronne d'épines, qu'il avoit reçûe du même lieu deux ans auparavant, dans la sainte Chapelle qu'il bâtit en 1242. contre son Palais à la place de celle de saint Nicolas, de sorte que la vraye Croix s'est trouvée presque toute rassemblée en France, où elle est très religieusement honorée.

Nous ne sçavons ni de quel endroit, ni de en quel tems la Couronne d'épines avoit été apportée à Constantinople, car personne des anciens n'a dit qu'elle eut été trouvée avec la vraye Croix. On disoit du tems de saint Gregoire de Tours, que les épines en paroissent encore comme verdes, et que toutes seches qu'elles êtoient et sans feuilles, elles sembloient reverdir tous les jours par une vertu divine, mais ce saint ne dit point où elle étoit, et les auteurs qui ont parlé de la decouverte de la Croix par sainte Helene, n'ont point remarqué qu'on eut trouvé alors d'autres instrumens de la passion, que le titre et les cloux : ils ne marquent point ce que cette pieuse Princesse fit du titre, dont les Lettres étoient toutes rongées selon Sozomene. Mais pour ce qui regarde les cloux, saint Ambroise, et saint Jerôme disent, qu'elle en fit employer un au mord du cheval de Constantin. Saint Gregoire de Tours, qui semble être le premier, qui ait parlé de quatre cloux, dit qu'il y en avoit deux dans ce mord, qu'il se conservoit encore de son têms, et que l'Empereur Justin en avoit éprouvé la vertu. Saint Ambroise, ajoûte que saint Helene fit mettre un autre clou au diadême de Constantin. Rufin, Socrate et Theodoret disent que ce fut à son casque, et c'est le même clou, que saint Gregoire de Tours suivi de quelques auteurs grecs temoigne avoir été employé à la tête de la statuë de Constantin, posée sur la colonne de porphyre dans la place de Constantinople : le même auteur ajoûte qu'Helene fit jetter un autre clou dans la Mer Adriatique pour appaiser les flots.

CHAPITRE IV.

Histoire de la prise et du recouvrement de la sainte Croix.

Par la fête de l'Exaltation de la sainte Croix, que l'Eglise d'Occident celebre le xiv. jour de Septembre, nous entendons la memoire du recouvrement que l'Empereur Heraclius fit sur les Perses de cette partie de la vraye Croix du Sauveur, qui se conservoit à Jerusalem depuis que sainte Helene mere du grand Constantin ayant deterré ce signe de nôtre redemption, l'avoit divisé pour envoyer l'autre partie à Constantinople. Ce recouvrement suppose la perte, qu'on en avoit faite par un malheur, dont on fait remonter la source jusqu'à la mort de l'Empereur Maurice. L'indignité du meurtre commis l'an 602. en la personne de ce bon Prince et de ses parens par le detestable Phocas, irrita de telle sorte Chosroës Roy des Perses, qui avoit été son amis, qu'il resolut tout infidele qu'il êtoit, et ennemi de Jesus-Christ de vanger hautement sa mort, et en même tems la majesté des Souverains, l'ombre et la representation de celle de Dieu même, offensée dans cette mort, Chosroës declara la guerre à Phocas, et la fit avec succès, mais en voulant la continuer aprés la mort du tyran contre l'Empereur Heraclius l'an 610. il fit connoitre enfin, que ses premiers motifs n'avoient été que des specieux voiles pour cacher son ambition et son humeur sanguinaire. Voulant profiter de l'épuisement des forces de l'Empire, il fit jetter ses armées dans les Provinces, prit et pilla plusieurs Villes, et emmena une multitude incroyable de prisonniers, qu'il distribua par tout l'Empire des Perses.

L'année suivante les Perses ne trouvant de resistance nulle part, parce que les cruautés de Phocas avoient fait perir les meilleurs Officiers des armées, et dissipé les garnisons, firent de nouvelles irruptions en Syrie et en Palestine ; ils forcerent la Ville de Jerusalem, la mirent au pillage, la brûlerent ensuite, firent prisonnier le Patriarche Zacharie avec un grand nombre de Chrétiens, qui furent menés en captivité, et vendus aux Juifs dispersés pour un prix trés vil.

La vrayë Croix pour comble d'affliction fut enlevée aussi, et transportée au Pays ennemi, comme la principale conquéte, qu'on eut pû faire sur les Chrétiens : les infideles la porterent en triomphe dans la Ville de Ctesiphon sur le Tigre, où ils pretendoient en ériger un Trophée à leur idolatrie. Mais la Croix toute captive qu'elle paroissoit au milieu de ces ennemis, ne laissa pas de s'y faire respecter, comme avoit fait autre fois l'Arche du Seigneur au milieu des Philistins prise sur le peuple de Dieu. La vertu que Jesus lui avoit laissée, y produisit de merveilleux effets, non des effets funestes, tels que ceux de l'Arche, parce qu'encore qu'elle eut été l'instrument de la mort d'un Dieu, elle étoit demeurée aux hommes comme un signe de vie et de salut, et comme un gage de l'amour qu'il avoit eu pour eux ; de sorte qu'au lieu de tuer les corps comme faisoit autrefois l'Arche dans toute les Villes ennemies, elle delivra beaucoup d'ames de la captivité du démon et de la mort éternelle par la conversion de plusieurs infidelles, qui furent encore moins touchés des miracles qu'elle faisoit contre l'ordre, et le cours ordinaire de la nature, que de l'incompréhensible bonté de celui, qui s'y étoit sacrifié pour le rachat du genre humain. Cependant les armes de Chosroës faisoient toûjours de nouveaux progrés sur la Chrétienté, il desoloit par le fer, et par le feu toutes les Provinces de l'Orient, et étant passé jusqu'en Afrique il menaçoit tout le reste de l'Empire Romain d'une combustion generale. Heraclius ne se trouvant pas en état de lui resister, envoya plus d'une fois lui demander la paix à telles conditions qu'il voudroit lui imposer, mais le Barbare enflé de la prosperité rejetta toûjours ses propositions avec une fierté dedaigneuse, se flâtant de se rendre en peu de temps maître de l'Empire, et de la Chrétienté, de sorte que s'il offrit la paix aux conditions d'abolir la Religion des Romains, et de lui substituer celle des Persans, comme quelques uns l'ont publié, il est visible, qu'il n'en usa si insolemment, que pour rebuter ceux, qu'il vouloit reduire à une composition impossible.

Heraclius ne s'abandonna point au desespoir, tout referré qu'il étoit d'un côté par les Avares, qui venoient piller et brûler jusqu'aux Fauxbourgs de Constantinople, et de l'autre par les Perses, qui s'étoient avancez jusqu'à Chalcedoine, que l'on pouvoit faire passer pour un autre Fausbourg de la capitale de l'Empire, il ne laissa pas de rassembler des troupes; Puis s'étant assuré des Avares par une espece de treve, il marcha contre les Perses avec une confiance, qui le faisoit presumer du secours du ciel beaucoup plus que des forces des hommes. Sa confiance ne fut pas vaine, il repoussa les generaux de Chosroës en diverses rencontres, et se mit en état de porter la guerre sur les terres mêmes de ses ennemis. Ces succés inesperés furent couronnés par la defaite generale de la grande armée de Chosroës le samedy 12. de Decembre de l'an 627. ce Prince étoit travaillé pour lors d'une facheuse disenterie, que le chagrin de tant de pertes augmenta de telle sorte, qu'elle parut se tourner en une maladie mortelle.

La crainte de mourir, et de tomber de quelque maniere que ce fut entre les mains d'un ennemi victorieux, qu'il avoit outragé, l'obligea à se donner un Successeur, et il fit couronner son cadet Medarzes, ou Mardesane, qu'il aimoit particulierement. Son aîné Siroës sçachant l'injure, qui lui étoit faite, resolut de la vanger sur le Pere et le Frere, et laissant étouffer en lui les sentimens de la nature par la violence de sa colere, et de son ambition, il prit des mesures sur le champ pour ôter la vie à Chosroës. Il gagna les principaux des Perses, fit traiter secretement avec l'Empereur Heraclius, qui n'étoit pas loin, marcha contre son Pere, qui fut pris prés de Seleucie et chargé de chaines avec le nouveau Roy Medarzés, qu'il fit égorger en sa presence. Il continua encore quelque temps le supplice de ce malheureux Pere en le faisant traiter avec toutes sortes d'indignités jusqu'au 28. de Février de l'an 628. qu'il le fit perçer de fléches.

Siroës sçachant, qu'il avoit besoin d'appui pour s'affermir sur un thrône, où il étoit monté par des voies si odieuses, ne songea plus qu'à conclure la paix avec les Romains; l'Empereur Heraclius la traita en victorieux, c'est-à-dire, avec tous les avantages qu'il pût souhaiter. La premiere des conditions du traité fut la restitution de la Croix du Sauveur, et ce fut aussi la première executée. Siroës la rendit en l'état qu'elle avoit été trouvée à Jerusalem, c'està-dire dans l'étui d'argent, où l'Imperatrice Helene l'avoit fait renfermer au temps de son invention, car le Roy Chosroës avoit eu pour elle la discretion de n'y vouloir pas toucher, et le respect lui avoit fait défendre de l'exposer même à nud aux yeux de ses peuples. Tous les prisonniers furent relachés : ceux de Palestine retournant en leur Païs avoient à leur tête le bienheureux Zacharie Patriarche de Jerusalem, qui faisoit conduire la Croix en cette Ville pendant que les affaires de l'Empire obligeoient Heraclius de retourner à Constantinople, où il fut reçû avec toute la pompe d'un Triomphe, et où l'on frappa en son honneur diverses medailles, dont le revers representoit le recouvrement de la Croix.

Au printemps de l'année suivante ce Prince ayant un voyage à faire en Syrie, pour remettre le bon ordre dans l'Orient, se transporta à Jerusalem pour assister à la ceremonie de l'Exaltation ou du retablissement de la Croix en la place, qu'elle avoit occupée avant son enlevement; il s'acquitta de ce devoir avec beaucoup de devotion, repara les lieux Saints, retablit les ministres Ecclesiastiques, et fit de grandes liberalités à l'Eglise de Jerusalem, pour tacher de lui faire perdre le souvenir de ses calamitez passées.

Le Patriarche Zacharie mourut peu de temps aprés, et laissa pour Successeur Saint Modeste, qui avoit été son Vicaire general pendant tout le temps de sa captivité, qui avoit été de quatorze années entieres autant que celle de la Sainte Croix. Les Grecs, qui nous apprennent toute l'Histoire de cet évenement, se sont attachés à nous representer Heraclius comme un Prince d'une pieté singuliere, et un favori de Dieu, et tout le temps de la guerre, qu'il avoit eüe avec les Perses comme une suite continuelle de graces et de miracles : aucun d'eux neanmoins ne nous apprend ce qu'on a publié long-temps depuis, touchant ce qui lui arriva, lorsqu'il voulut porter la Croix sur ses épaules; et ceux qui ont raconté ce fait, auroient dû s'informer au moins de la veritable situation du Calvaire, qui êtoit pour lors dans l'enceinte de la Ville, afin de donner de la vraisemblance à leur relation.

Quoiqu'il en puisse être de la pieté d'Heraclius, on peut assurer qu'il ne fut pas un an sans payer tant de faveurs d'une ingratitude, qui fut plus funeste à l'Eglise, que sa devotion ne lui avoit été utile; car il se laissa infecter de la nouvelle heresie des Monothelistes, dont il se rendit le Patron et le Protecteur, il perdit bientôt aprés tous les avantages, qu'il avoit remportés sur les Perses : ce malheur fut suivi de prés par un autre, qui entraina la perte de la Palestine, de l'Orient, et de l'Egypte, dont les nouveaux Mahometans sortis d'Arabie se rendirent les maîtres.

Heraclius prévoiant que la Ville de Jerusalem alloit tomber sous la puissance de ces ennemis, enleva de ce lieu le bois de la vraye Croix quatre ans aprés l'y avoir remis, et l'emporta à Constantinople, comme le temoigne Theophane le Confesseur, quoiqu'il n'ait vécu, que prés de deux Siecles aprés.

Cent ans avant Theophane, le venerable Bede avoit parlé de ce transport de la Croix à Constantinople : il dit qu'elle fut mise dans le Temple Patriarchal de Sainte Sophie; que là on la montroit au peuple les trois derniers jours de la semaine Sainte pour être adorée, que le jeudy l'Empereur, les Senateurs, les Magistrats, et les Laïques en ordre venoient à l'Adoration; le jour suivant l'Imperatrice, les Vierges et les femmes faisoient la même chose; et le samedy les Evêques, les Prêtres et tout le Clergé ; qu'aprés cela on l'a remettoit dans sa caisse d'argent, ou elle demeuroit sous la clef pendant le reste de l'année.

CHAPITRE V.

La vie de saint Hugues Evêque de Rouën.

L'Eglise nous represente les bonnes actions des Saints pour nous exciter à les imiter, elle decrit leurs faits glorieux pour fortifier nôtre foiblesse : n'est-ce pas la vie de saint Antoine, qui confirma saint Augustin dans le dessein qu'il formoit de se donner à Dieu, comme il le rapporte lui-même au huitiéme livres de ses Confessions Chap. 6. un Gentilhomme d'Afrique nommé Potitien l'êtant allé trouver lui et Alipe, il leurs conta de quelle maniere deux de ses amis avoient trouvé dans une petite maison de quelques serviteurs de Dieu la vie de saint Antoine, et que l'ayant lûë, ils s'êtoient trouvez tellement changez et embrasez du desir d'une semblable maniere de vivre ; qu'ils avoient tout quitté pour l'embrasser. *Durant que Potitien nous parloit de la sorte*, dit saint Augustin, *je me sentois dechirer le cœur, et j'étois rempli d'une horrible confusion, son discours étant fini, et ayant fait ce qu'il desiroit, il s'en alla. Alors n'ayant pas l'esprit moins troublé que le visage, je me tournay vers Alipe et m'écriay, que faisons nous ? Que dites vous de ce que nous venons d'entendre ? Les ignorans ravissent le Ciel, et nous avec toute nôtre science nous demeurons toûjours ensevelis comme des bêtes dans la chair et le sang.*

On souhaiteroit d'avoir des memoires plus amples, pour donner une histoire parfaite et complete de la vie de nos Saints, mais le temps qui ronge tout, nous en a conservé fort peu de choses, que nous allons donner au public avec toute la fidelité possible.

Saint Hugues, dont nous donnons ici la vie, ne doit pas être confondu avec un autre Hugues fils de Charlemagne, qui vivoit plus de cent ans aprés, et qui ne fut que simple Prêtre : celui dont nous parlons, fut fils de Dreux ou Drogon, et d'Adaltrude ou d'Anstrude, fille de Waraton Maire du Palais, et ainsi il étoit par son Pere petit fils de Pepin de Herstal, neveu de Charles Martel, et cousin germain du Roy Pepin. D'autres le font fils de Charles Martel, et d'Autrude fille du très illustre Tassilon Duc de Baviere.

Une naissance si distinguée donnoit lieu au jeune Hugues de butter à tout ce qu'il y avoit de plus grand ; peut-être même que l'éclat des grandeurs humaines auroit pû gâter ce jeune cœur, si son Ayeule maternelle Ansflede, Dame d'une grande pieté, n'avoit pris soin d'écarter de lui tout ce qui étoit capable de corrompre ses mœurs : cette sainte Dame plus soigneuse du progrés spirituel, que du temporel, faisoit connoitre à son petit fils le peu de fond qu'on doit faire sur les biens de ce monde ; elle les lui representoit comme des vains amusemens, et comme des écueils dangereux, où il pouvoit faire naufrage ; en lui faisant contempler le Ciel, elle lui donnoit à connoitre que le monde n'est qu'un exil, où nous devons continuellement gemir et soupirer après nôtre veritable patrie ; elle lui inspiroit le moyen d'arriver à ce repos éternel, en meprisant tout ce qui est ici bas, et fixant ses pensées à l'éternité.

Hugues profita trés bien de si belles instructions, il meprisa de bonne heure les plaisirs, les honneurs et les richesses de la terre, pour n'en plus rechercher qu'au Ciel ; il entra dans les voyes étroites du salut, et donna toute son étude à l'Ecriture sainte, meditant jour et nuit la loy du Seigneur : il sentit bien-tôt que son riche patrimoine pourroit l'empêcher de suivre exactement les voyes du Seigneur, il jugea bien qu'il ne lui avoit été donné, que pour en faire part aux pauvres et aux autres serviteurs de Dieu, craignant d'ailleurs que tant de richesses ne le retinsent trop attaché au monde, et ne l'empêchassent dans la route du Ciel, il distribua en divers temps aux pauvres, aux Monasteres et aux Eglises la plus grande partie de ses biens, il donna des terres considerables aux Abbayes de Fontenelles, ou saint Vandrille, et de Jumieges en Normandie.

Ce ne fut point assez pour saint Hugues de s'être defait d'une grande partie de ses biens pour les offrir à Jésus-Christ, il voulut se delivrer absolument des embarras du monde, et se rendre pauvre lui-même à l'exemple de son divin maître : il l'executa se retirant dans le Monastere de Jumieges, et y embrassant la profession Religieuse sous l'Abbé saint Aycadre, que l'on appelle autrement saint Achard : ce fut-là, ou degagé de tout ce qui pouvoit l'attacher au monde, il se donna tout entier à Dieu ; ce fut dans ce saint repos, où il s'appliqua aux exercices de la penitence, à la prière et à la contemplation des choses celestes ; il regardoit alors avec indifference, et avec un œil de mepris, ce que les enfants du Ciel considerent comme leur felicité : qu'il m'est doux et avantageux, disoit-il souvent, d'être attaché à mon Dieu et de mettre en lui toute mon esperance.

La solitude qu'avoit embrassé saint Hugues, et dans laquelle il goutoit tant de douceurs, ne dura pas long-temps : cette lampe ardente, si propre à éclairer les fidelles fut bien-tôt mise sur le chandelier de l'Eglise ; le Siege Episcopal de la Ville de Roüen étant venu à vacquer, on le tira de sa solitude, pour l'obliger à le remplir, ce ne fut cependant qu'avec bien de la répugnance de sa part ; considerant d'un côté la tranquillité dont il jouissoit dans le Monastere de Jumieges, et de l'autre les peines et les dangers où alloient le plonger les devoirs de l'Episcopat, il gemissoit en lui-même, et se reconnoissant par humilité incapable d'un tel fardeau, il prioit le Seigneur d'en vouloir charger quelqu'autre. Il fallut pourtant malgré toute sa repugnance subir le joug qu'on lui imposoit, et se confiant au Seigneur, qui donne les grâces necessaires à ceux qu'il appelle à quelque employ, il accepta l'Evêché de Rouen point par ambition ou avarice, mais pour travailler au salut des ames, à quoi le Seigneur sembloit l'appeller.

Ce fut alors une vie toute nouvelle dans nôtre Saint, celui qui dans le Monastere avoit travaillé à sa propre sanctification, se vit alors obligé d'être plus aux autres qu'à lui-même; comme un autre saint Paul il se faisoit tout à tous, infirme avec les infirmes, afin de les gagner tous à Jésus-Christ. Ayant toùjours devant les yeux les qualités que l'Apôtre des Gentils écrivant à Timothé demande dans un Evêque, il étoit irreprehensible dans toute sa conduite; toutes ses actions étoient accompagnées d'une grande prudence qui faisoit bien voir qu'il étoit conduit par des lumieres plus qu'humaines : éloigné de toute orgueil et de toute colere, il étoit d'une modestie, qu'il lui attiroit tous les cœurs, et qui le faisoit estimer de ceux mêmes, qui auroient pû lui être contraires, exempt de toute avarice, et de desir d'amasser, son plaisir étoit d'exercer l'hospitalité, et de communiquer aux autres ce que Dieu vouloit bien mettre entre ses mains; bien different de quantité de riches et de grands, qui n'ont que de la dureté, et de l'aversion pour les pauvres, il les regardoit comme des membres vivans de Jesus-Christ, et il croioit lui donner ce qu'il donnoit à ces pauvres ; la misere la plus affreuse n'avoit rien de rebutant pour son zele, et la maniere efficace dont il consoloit ces pauvres malheureux, lui gagnoit les cœurs de tous ses Diœcesains ; ajoûtez à toutes ces vertus une grande pureté de corps et d'esprit, penctré de ces paroles de saint Paul dans sa premiere lettre aux Thessaloniciens : *la volonté de Dieu est, que vous soyez saints et purs ; que vous vous absteniez de la fornication, et que chacun de vous sçache posseder le vase de son corps saintement et honnêtement, car Dieu ne nous a pas appellez pour être impurs, mais pour être Saints*, il réduisoit son corps en servitude, et évitoit avec soin, tout ce qui auroit pû être contraire à une vertu, qui le faisoit ressembler aux Anges.

Un prélat orné de tant de vertus enseignoit autant par ses actions, que par les discours les peuples et les Ecclesiastiques, que la divine Providence lui avoit confié ; exempt des imperfections et des desordres ordinaires, il tachoit d'en garantir les autres, il exhortoit ceux-ci, faisoit craindre les autres, tachant par tous les moyens possibles de tenir tout le monde dans le devoir ; plein de coufiance en Dieu, de qui il attendoit tout, il n'avoit pas moins de force pour combattre les erreurs, que de penetration pour les decouvrir, et quelque grande que fut sa douceur et son humilité, elle n'avoit néanmoins rien de mou ni de lâche.

Son zele ne se trouva pas borné dans l'Evêché de Rouen ; l'année suivante il fut fait Abbé de saint Vandrille, et un an après Evêque de Paris ; il se chargea encore quelque temps après de l'Evêché de Baïeux, et ensuite de l'Abbaye de Jumieges : ce ne fut pas par avarice ou par ambition, qu'il posseda aussi tant de benefices à la fois contre la disposition des saints Canons ; mais voyant que de son temps on commençoit a en donner à des seculiers, qui en dissipoient les revenus, il accepta ces cinq pour les proteger, et y procurer tout le bien spirituel ou temporel, qu'il lui seroit possible ; très éloigné de la conduite de ceux que le desir des richesses et des honneurs porte à rechercher plusieurs benefices, il n'en usoit que pour le bien des pauvres, et la tranquillité des Eglises, faisant servir à sa propre sanctification, ce qui ne sert à bien d'autres, que pour leur damnation, et s'attachant avec toute la vigilance possible à la conduite de ces trois Evêchez.

Saint Hugues avoit goûté trop de douceur dans la solitude de l'Abbaye de Jumieges, pour ne la point regretter ; occupé du soin de ses Dioceses, il gemissoit après cette heureuse retraite, dans laquelle n'étant occupé que de lui-même, il pouvoit travailler avec plus de tranquillité à la grande affaire de son salut ; ce qui fut cause qu'ayant pourvû selon l'étenduë de sa charité pastorale aux besoins spirituels de tant de peuples, en même temps qu'il travailloit à rétablir et conserver les droits et les biens temporels de leurs Eglises, il se retira dans sa chere

Abbaye de Jumieges : Plein de joie d'être débarrassé du train du siecle, et d'avoir évité les pieges, que le monde trompeur nous tend continuellement, il recommença de travailler avec une ferveur toute nouvelle à la grande affaire de l'éternité, et tacha de reparer toutes les pertes qu'auroit pû lui attirer le sejour qu'il avoit fait dans le siecle. Il mourut le neuvieme d'Avril 730. et son ame alla recevoir la recompense duë à ses merites.

Son corps fut enterré fort honorablement dans l'Eglise de Nôtre-Dame de Jumieges, et l'on suspendit sur son tombeau une grande couronne ou cercle richement composé de divers metaux, tant pour marquer l'opinion qu'on avoit de sa Sainteté, que pour laisser un temoignage de la reconnoissance qu'on avoit des bienfaits dont il avoit comblé la Maison. Il y demeura pendant l'espace d'environ 130. ans, jusqu'à ce que la crainte des Normands obligea les Moines de Jumieges à prevenir les effets de leur fureur, et à chercher les moyens de le garentir de leurs insultes. Ils le transporterent avec celui de saint Aicadre à Haspres sur la Selle entre Cambray et Valenciennes, où il y avoit un Prieuré Benedictin dependant de leur Abbaye. Le jour de cette translation fut marqué dans leur Martyrologe au XXIX. de Mars, et ils esperoient en celebrer encore un autre pour l'heureux retour de ces reliques à Jumieges. Mais comme nous avons marqué au Chapitre premier, ceux d'Haspres refuserent de les rendre et se maintinrent dans la possession de ce depot par l'autorité du Roi de France et du Comte de Flandres.

La memoire de saint Hugues se trouve consacrée dans les fastes de diverses Eglises, et sur tout dans les Martyrologes de France et des Pays-bas.

CHAPITRE VI.

La vie de saint Aicadre, ou Achard, second Abbé de Jumieges.

Tout est grand dans les Saints, et Dieu qui fait éclater sa puissance en choisissant ce qui paroit foible et meprisable aux yeux des hommes, ne la fait pas moins paroître en s'unissant par les liens de la vertu et de la charité, ceux que le monde sembloit devoir tenir plus attachez à ses charmes trompeurs : saint Aicadre, que d'autres appellent saint Achart ou saint Acaire, paroissoit devoir être du nombre de ces derniers par l'éclat de sa naissance; il étoit fils d'Anscaire et d'Ermene, de la meilleure noblesse de Poitou, et par là il auroit pû aspirer aux plus grandes dignitez, mais Dieu le protegea sous l'ombre de ses aisles, et l'empêcha de donner dans la corruption du Siècle. Il n'eut pas plutôt atteint l'usage de raison, qu'il fit bien paroître ce qu'il feroit un jour ; les defauts, qui accompagnent ordinairement la jeunesse, n'eurent point lieu dans lui, il étoit grave dans tout ce qu'il faisoit, et se rendoit bien plus recommandable par ses vertus et ses bonnes mœurs, que par la grandeur de sa naissance : son Pere suivant la maniere ordinaire du siecle auroit bien voulu lui faire prendre le parti des armes; mais Ermene qui en mettant Aicadre au monde s'étoit trouvée en péril de mort, et pour en sortir avoit promis de consacrer au Seigneur l'enfant dont elle accoucheroit, ne pût jamais y consentir, et fit tant qu'on le destina au service de Dieu.

Lorsqu'il fut en état de commencer ses études, ses parens le mirent en pension dans l'Abbaye de saint Hylaire de Poitiers sous la discipline d'Ansfride, ou Anfroy Religieux celebre par sa doctrine et son esprit, mais plus recommandable encore par son éminente pieté : on lui apprit à fouler aux pieds ce que le monde a de plus considerable; on lui fit envisager comme de la bouë ce que les mondains cherissent le plus, et on lui montra que ce ne sont que des fausses richesses, que nous ne pouvons pas posseder pour toûjours; on lui tourna enfin le cœur vers Dieu, en qui seul on trouve une veritable joye.

Saint Aicadre repondit parfaitement aux soins d'un si excellent maître, et sortit de ses mains également formé aux lettres et à la vertu; il pouvoit dire alors avec Salomon : *j'ay souhaité l'intelligence, et elle m'a été donnée : j'ay aussi invoqué la sagesse, et elle est venuë en moi, et je l'ay preferé aux Empires et aux Thrônes, et les richesses ne m'ont semblé que comme rien au prix d'elle : je ne l'ay point comparé à l'éclat des pierres précieuses, parce que tout ce qu'il y a d'or et d'argent dans le monde ne doit passer que pour un peu de sable et de bouë en sa presence.* Tant de vertus le rendirent dés lors terrible aux puissances infernales, et tout seculier qu'il êtoit encore, il chassoit les demons des corps qu'ils possedoient.

Le monde n'êtoit pas digne de posseder un si grand trésor; d'ailleurs il étoit à craindre que parmi la corruption du siecle des si belles vertus ne souffrissent quelque alteration; le jeune Aicadre le connoissoit trop bien; il avoit appris que le monde n'est propre qu'à corrompre les meilleurs inclinations, que c'est un écueil dangereux, où les vertus qui paroissoient les mieux établies, font souvent un triste naufrage, et qu'il est bien difficile qu'un cœur même devoué au Seigneur n'y contracte quelques taches et quelque souillure; dans la crainte que ce monde ne prit quelque part dans un cœur qu'il vouloit donner tout entier à Dieu, il renonça au siecle à l'âge d'environ dix-huit ans, et alla se consacrer à Dieu dans l'Abbaye de sain Jouin aux extremités du Poitou du côté de l'Anjou entre Thouars et Mont-Contour.

Là Achart dégagé de ce qui auroit pû le tenir attaché au monde, se donna tout entier à Dieu, et resolut de courir à pas de geant de vertus en vertus : rien ne paroissoit difficile à son zele, rien de rebutant à son humilité; plein d'estime pour les autres, il se regardoit comme le dernier, et le plus imparfait de tous, et il n'avoit aucune peine de s'en voir méprisé ; son temps se trouvoit si bien partagé entre la lecture, l'oraison et le travail, qu'aucun moment n'étoit perdu ; détaché de tout et de lui-même, il ne cherchoit qu'à s'unir de plus en plus à Dieu; degouté des fausses douceurs de la terre, il soupiroit continuellement aprés les biens celestes, qui faisoient toute son esperance.

Ses parens qui étoient riches et vertueux, étant ravis de lui voir prendre un parti si avantageux lui donnerent quelque terres ; Achart les offrit à l'Eglise de saint Pierre de Quinçay, qui venoit d'être fondée à une lieu et demie de Poitiers avec un nouveau Monastere par saint Filbert, ou Philibert Abbé de Jumieges au Diocese de Rouen, qui s'étoit retiré dans le Poitou près de l'Evêque Ansoald, pour fuir la persecution d'Ebroin Maire du Palais : la reputation de ce saint homme joint au desir qu'Acaire avoit de s'avancer dans la perfection de l'état qu'il avoit embrassé, lui fit quitter saint Joüin pour aller se mettre sous sa discipline dans sa nouvelle Communauté de Quinçay.

Saint Filbert ne fut pas long-temps à reconnoitre les grandes qualitez de celui que la divine providence lui avoit envoyé : il remarqua en lui tant de sagesse, de vertu et de capacité, qu'ayant choisi pour sa retraite un autre Monastere qu'il avoit bâti à la faveur de l'Evêque de Poitiers, il établit pour premier Abbé de la Communauté de Quinçay son disciple Acaire. Il parut bien-tôt que ce choix n'avoit rien d'humain, et que la divine Providence avoit reglée toute cette affaire : étant fait abhé il songea a en remplir fidellement tous les devoirs, il comprit de quel poids il s'êtoit chargé, et trembla considerant combien exact seroit le compte qu'il en rendroit un jour; et s'attacha plus à procurer l'avancement spirituel de ses Religieux, qu'à se regarder comme leur Superieur, montrant par exemple ce qu'il enseignoit de vive voix, instruit dans la loy de Dieu, laquelle il meditoit jour et nuit, il en expliquoit les preceptes, et faisoit voir que tout durs qu'ils paroissent à la chair et au sang, ils nous deviennent faciles par la grace et la charité. L'odeur de sa sainteté et de ses autres vertus attira à lui les personnes les plus spirituelles et les plus religieuses des autres Monasteres : les uns se contentoient de conferer avec lui sur les moyens les plus assurez du salut, les autres cherchoient à demeurer sous sa discipline, pour prendre sur lui-même le veritable esprit de Religion.

Saint Filbert après la mort d'Ebroïn êtoit retourné à l'Abbaye de Jumieges en Normandie, et n'ayant plus rien à craindre de la part de ses persecuteurs, il sembloit devoir y finir ses jours : mais l'amour de la solitude qu'il avoit goûté à Nermoutier durant son exil, le rappella en Poitou, et êtant arrivé à Poitiers il pria l'Evêque Ansoald d'aggréer, qu'Achart alla gouverner en sa place la grande Abbaye de Jumieges.

L'interêt de l'Evêque Ansoald demandoit de conserver dans son Diocese un homme, qui faisoit tant d'honneur à son Eglise; il consentit cependant à son départ, et Achart de son côté se fit un devoir d'obéir à son Evêque, et à son Superieur Saint Philibert, quoiqu'il dût lui être facheux de quitter une maison dont il étoit en quelque façon le Fondateur. La Communauté de Jumieges, qui, à ce qu'on pretend, étoit composée de neuf cens religieux et de quinze cens serviteurs et domestiques, demandoit toute l'application d'un maître aussi experimenté, qu'êtoit dejà Achart dans l'art de gouverner les autres : il s'en acquitta avec tant de prudence, de zéle, de vigilance, d'exactitude et d'équité, qu'il honora son ministere beaucoup plus par sa sagesse, et sa vertu, que par son autorité; ayant toûjours devant les yeux les qualités que le Patriarche saint Benoît requiert dans un Abbé, il donnoit à tous ses disciples l'exemple de ce qu'il leurs prescrivoit, et se faisoit tout à tous, il accommodoit la regle à leurs forces pour les fortifier tous, et les faire avancer dans la perfection, usant du don de discernement qu'il avoit reçu de Dieu, il diversisioit sa conduite selon les differens besoins de ses Religieux, pour les conduire tous à Jesus-Christ.

Saint Achart après avoir rempli tous les devoirs d'un fidelle serviteur du Seigneur, soupiroit aprés la recompense promise par le juste juge, sa sainte ame demandoit à être detaché du corps pour joüir de Dieu, il vivoit, mais avec patience, et il regardoit la mort comme la fin de ses peines, et le commencement de son bonheur éternel : cependant cette même charité, qui l'unissoit si fort à Dieu, et qui lui faisoit dire avec l'Apôtre, *ce n'est plus moi qui vis, c'est* Jésus-Christ *qui vit en moi*, le rendoit inquiet pour le salut de ses freres, l'amour qu'il avoit pour Dieu, rejaillissoit sur le prochain, et l'obligeoit de dire avec saint Martin, Seigneur si vous me jugez encore utile pour le salut de mes freres, je ne refuse pas de travailler à leur sanctification, que vôtre sainte volonté se fasse; poussé de ce zele, que la seule charité regloit, il se met en prières, et dans la crainte qu'aprés sa mort ce cher troupeau, qui lui étoit confié, ne se laissat entrainer aux fausses douceurs du siecle, il demande à Dieu, qu'il ait la bonté de les retirer du monde : une prière si pleine de charité, et qui n'envisageoit que le bien de ses freres fut bien-tôt exaucée, un ange lui apparoit et lui fait connoître que la moitié de la Communauté qu'il toucha d'une baguette, iroit dans trois jours joüir de la gloire celeste.

L'effet montre la verité de cette revelation, ces saints Religieux avertis par leur superieur se preparent soigneusement à ce terrible passage par des nouvelles penitences et mortifications, et le troisieme jour vers les neuf heures du matin une partie comme saisie d'un doux sommeil mourut à ce monde, pour vivre au Ciel, une autre partie suivit à midy, l'autre vers les trois heures, et enfin le reste au soir.

Saint Achart regardant ces saints Religieux morts comme autant d'intercesseurs qu'il avoit envoyé devant lui, souhaitoit d'être bientôt participant du même bonheur, et il apprit que ses desirs seroient dans peu accomplis, et que saint Philibert l'avoit déjà devancé : il appella le reste de ses Religieux qu'il consola, et à qui il fit entendre, que s'ils n'avoient pas eu le même bonheur que leurs confreres, leur couronne n'êtoit que differé, s'ils êtoient fidelles observateurs de leur regle. Pendant sept jours il les exhorta à garder inviolablement la charité fraternelle, à être toûjours unis de cœur et d'esprit, il leur decouvrit plusieurs moyens d'éviter ou de vaincre les tentations et les embuches que le diable pourroit leurs dresser, et le septieme jour il mourut comme il avoit vêcu, c'est-à-dire de la mort des justes vers l'an 687. âgé d'environ 63. ans. Son corps fut enterré dans l'Eglise de l'Abbaye de Jumieges avec tous les honneurs que meritoit un Abbé d'un si grand merite, et il fut ensuite transporté avec celui de saint Hugues au Prieuré d'Haspres, comme il a été dit au Chapitre precedent.

Ce saint dont toute la vie avoit été un miracle perpétuel, ne manqua pas d'en faire plusieurs après sa mort; nous en voyons continués jusqu'à nos jours dans la guérison du mal, qui rend les hommes comme insensez, d'une humeur farouche, opiniâtres et difficiles à gouverner, de-là vient dit Silvius que ces sortes de malades sont nommez Acariatres du nom de saint Acaire, qu'on invoque pour la guerison de cette maladie. Charles VI. roi de France sentit les effets de la protection de nôtre saint l'an 1392. Ce Prince à la fleur de son age étant tombé en frenesie, qui lui ôta pendant trois jours toute connoissance, et lui faisoit poursuivre l'épée à la main son propre frère, et tous ceux qu'il rencontroit, ces accès reprenans de temps en temps, on envoya, dit Locrius, à Haspres Prevôté considerable de l'Abbaye de saint Vaast la statuë de cire de ce Roy en hommage à saint Acaire, dont le corps repose dans ce lieu, afin que par son intercession le Prince trouvat quelque soulagement à la maladie : ce qui reussit, ce Roy ayant encore vécu environ trente ans après son accident, et n'êtant mort qu'en 1421.

CHAPITRE VII.

Miracles operez par l'intercession des saints Patrons d'Haspres, Hugues et Acaire, recueillis du Registre de la Confrerie desdits Saints, érigée en l'Eglise de la Prévôté d'Haspres le le 25 de Mai 1604.

L'an 1605. Helene Benoit d'Ath a fait la neuvaine, et a été guerie miraculeusement.

L'an 1608. Barbe le Roy a fait la neuvaine en

l'honneur des Saints, et a été guerie parfaitement.

La même année Jeanne Devaqué d'Avesnes a fait la neuvaine, et a été guerie.

La même année aussi Louis Basse de Crequi a fait la neuvaine sur le lieu, et a été gueri.

L'an 1610. André Viron de Crespin a fait la neuvaine en l'honneur des Saints Patrons, et est sorti fort allegé.

L'an 1612. Barbe Vilain native de Landrecies a fait la neuvaine, et est sortie bien guerie.

L'an 1615. Bertrie femme de Jean Fouques de Valenciennes a fait une neuvaine, et est rentrée dans son premier esprit.

L'an 1617. Jacques Manderon de Maroilles a fait ici la neuvaine, et a été gueri.

Item la même année Jean de Sinery de Valenciennes a fait ici la neuvaine des Saints et fut gueri.

Item Michel Spare de Bouchain a ici fait la neuvaine au mois d'Aoust, et est sorti gueri.

Item Nicaise Demain de Fontaine au bois a fait ici la neuvaine au mois de Septembre, et a été gueri.

L'an 1618. Antoine Lepide de Marchiennes a fait deux neuvaines au mois de juin en l'honneur des Saints, et est sorti fort allégé.

La même année Abraham Richetin de Hanaffe, encore qu'il fut de la Religion, sa femme l'a amené faire deux neuvaines aux Saints, et est sorti bien dispos : du depuis étant rentré dans ses premieres erreurs, est incontinent retombé dans sa premiere frenesie.

Item la même année Jacqueline Monier de Berlaimont a ici fait la neuvaine au mois de Juin, et est sortie assez bien dispos.

La même année Thomas de Bomarie de Landrecies a fait deux neuvaines et est sorti fort amendé.

L'an 1619. Barbe Fontaine de Haussy a fait la neuvaine au mois de May et est sorti guerie.

La même année Lievine de Boires d'Escarmain a ici fait deux neuvaines au mois de May, et s'en est quelque peu mieux trouvée.

Item Marie Dupont de Rien a ici fait la neuvaine et a été guerie.

L'an 1620. Louis de Joye d'Avesnes lez Aubert a ici fait une neuvaine au mois de Juillet, et est sorti fort bien gueri.

L'an 1621. Catherine Wandaraing du Village de Horbignié a fait une neuvaine le 17. May, et a été parfaitement guerie.

La même année Catherine le Denis de Bermairain St. Martin a fait la neuvaine, et a été fort bien guerie.

Item Jean Lobian de St. Souplé a ici fait deux neuvaines, et est sorti bien gueri, ayant été gardé par sa mere Marie Fournier.

Item Marie Bailliet de Serain a ici fait la neuvaine, et s'en est trouvée aucunement allegée.

Item Marie Turcq du Village de Gregicourt proche de la Fere a été fort bien guerie.

Item Martine de Ruillers de Reumes a ici fait une neuvaine, et est sortie bien guerie.

L'an 1622. Agnes Saveureuse native de la Ville d'Ath en Hainaut a fait la neuvaine en l'honneur des Saints, et a été parfaitement guerie en la presence d'un Pere Cordelier, deux Religieuses, et le Mayeur de la Ville de Condé. En reconnaissonce de cette faveur, que ladite Agnes a reçûë par les merites des Saints, elle a donné à l'Eglise un devant d'Autel de damas blanc.

L'an 1614. Charlotte Blondel de Tilloy étant possédée du diable, a ici fait la neuvaine accompagnée de Jeanne Bufin et a été délivrée.

L'an 1625. Bertrand Leblas de Solemmes a fait la neuvaine, et a été bien guéri.

L'an 1626. Huberte Sty de Saint Suplie a fait la neuvaine le 13. Decembre, et est sortie fort bien guerie.

L'an 1627. Jeanne Vilers a fait ici deux neuvaines, et est sortie assez dispos.

L'an 1628. Pierre Chambertin a fait ici la neuvaine, et est sorti gueri.

L'an 1636. Barbe l'Aumonier a ici fait deux neuvaines, et a été guérie.

L'an 1643. Antoinette Carlier du Village de Neuville a fait la neuvaine avec son mari, et a été guérie par les mérites des saints Patrons.

La même année Maximilien du Village de Sancourt a ici fait la neuvaine et a été guéri.

Item Pierre Coutelier natif et laboureur du Village de Janlain a fait ici la neuvaine, et a été gueri le 12. Fevrier.

L'an 1646. Jeanne Juper native de Cambray a fait ici la neuvaine, et est sortie mieux disposée, et par aprés guerie.

La même année Jacques Petit natif du Quesnoy a ici fait la neuvaine, et est sorti parfaitement sain.

Item Marie Claro native de Cambray a fait la neuvaine et est sortie mieux disposée, et peu après guerie.

Item Marie Stlard de Cambray a fait la neuvaine, et est sortie parfaitement guerie.

Item Margueritte Baudain de Cambray a fait la neuvaine, et est sortie guerie.

L'an 1648. Martin Delsart de Cuenne a fait deux neuvaines des Saints et a eté gueri miraculeusement.

L'an 1650. Jean de Saint Aubert a fait ici la neuvaine, et est maintenant gueri.

L'an 1716. André Vigniol de Marquette est entré dans la Confrerie le 19. May ; il étoit perdu d'esprit, il a fait une neuvaine, et est retourné tout-à-fait gueri, il étoit agé de 18. ans.

La même année Marie-Anne Fauveau aprés avoir fait deux neuvaines étant perduë d'esprit est retournée guerie le 18. Octobre, elle est de Thiant.

L'an 1717. Pierre Laine jeune homme de Cambray, étoit affligé d'esprit, a fait la neuvaine, et est retourné gueri le 16. Septembre.

L'an 1721. Marie-Jeanne Hautecourt native de Castillon, mariée à Cambray a fait la neuvaine et est retournée guerie.

L'an 1723. Jacques-François Massart natif d'Hautmont est venu servir les Saints, et faisant sa neuvaine il se trouva beaucoup soulagé par les merites des Saints, en foi de quoi il a signé sur le registre avec le Tresorier de la Prevôté.

L'an 1724. Marie Cecile Planque demeurante au Village de Tilleroy est venuë servir les Saints à Haspres le 26. May, étant incommodée de l'esprit, a fait la neuvaine et est retournée soulagée.

APPROBATION.

Je soussigné Docteur et Professeur Royal des Controverses de la foy de l'Université de Douay : ai lû l'Histoire Abrégée des Reliques des SS. qu'on honore à la Prévôté d'Haspres, dans laquelle je n'ai rien trouvé de contraire à la Foi Catholique et Romaine, ni aux bonnes mœurs. Fait à Douay le 2. de Mars 1727.

J. M. AMAND.

TABLE DES MATIÈRES.

Préface. 5
Chapitre premier. — Histoire de la Prévôté d'Haspres. 9
Chapitre II. — Du respect et de la veneration, qu'on doit avoir pour la Croix 13
Chapitre III. — Histoire de l'Invention de la Sainte Croix 16
Chapitre IV. — Histoire de la prise et du recouvrement de la sainte Croix 23
Chapitre V. — La vie de saint Hugues Evêque de Rouën. 30
Chapitre VI. — La vie de saint Aicadre, ou Achard, second Abbé de Jumieges. 38
Chapitre VII. — Miracles operez par l'intercession des saints Patrons d'Haspres, Hugues et Acaire, recueillis du Registre de la Confrerie desdits Saints érigée en l'Eglise de la Prevôté d'Haspres le 25 de Mai 1604. 46
Approbation 51

FIN DE LA TABLE.

CAMBRAI. — IMPRIMERIE DE REGNIER-FAREZ.

www.ingramcontent.com/pod-product-compliance
Lightning Source LLC
LaVergne TN
LVHW021705080426
835510LV00011B/1593